Klasse 2-6

A. Klipphahn & W. Mandzel

Das Leben Jesu

3 Land und Leute

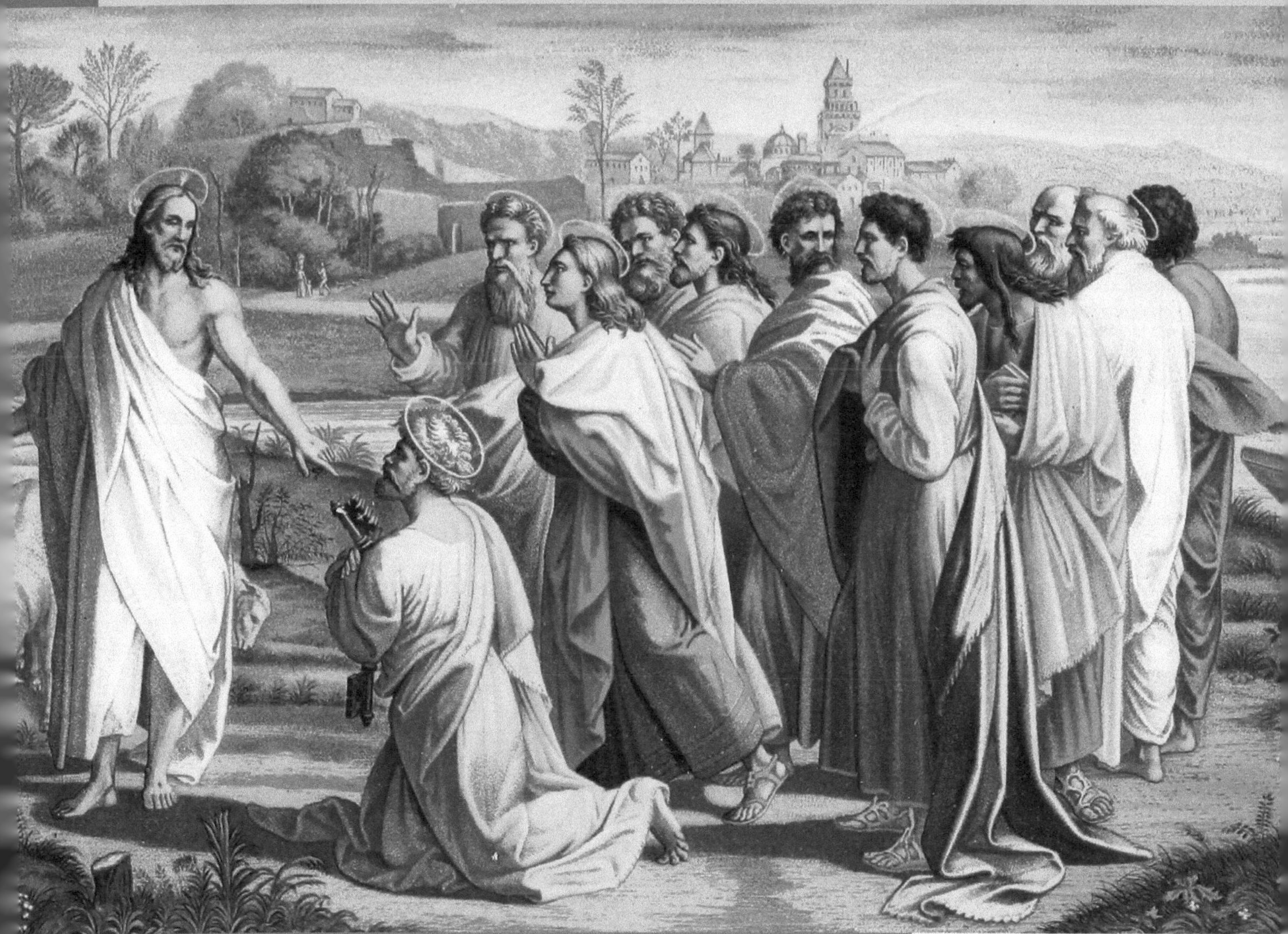

- Das Land, in dem Jesus lebte
- Wie lebten die Menschen damals?
- Mit erweiterbarer Info-Kartei

Das Leben Jesu

Band 3: Die Bergpredigt

2. Auflage 2025

Inhalt: Anneli Klipphahn
Zeichnungen: Waldemar Mandzel
Coverbild: © ruskpp - AdobeStock.com
Redaktion: Kohl-Verlag
Grafik & Satz: Simone Demler / Kohl-Verlag
Druck: Elanders Druck, Waiblingen

Bestell-Nr. 12 897

ISBN: 978-3-98558-842-8

Bildquellen © Adobe Stock
S. 10: kgda; **S. 11:** astrid guenther, jmubalde; **S. 12:** Leonie, turtles2; **S. 13:** turtles2, eickys; **S. 21:** Leonie; **S. 29:** Thomas Renz; **S. 31:** PhotoSG; **S. 43:** fabiomax; **S. 46:** Lucky Dragon; **S. 51:** ungvar; **S. 52:** Abba Richman; **S. 53:** lawcain; **S. 54:** ungvar;

Kontakt: Kohl-Verlag, An der Brennerei 37-45, 50170 Kerpen
Tel: +49 2275 331610, Mail: info@kohlverlag.de

Inhalt

KOHL VERLAG DAS LEBEN JESU Band 3: Land und Leute – Bestell-Nr. 12 897

Vorwort

Liebe Kolleginnen und Kollegen,

das vorliegende Material kann als Grundlage für die Arbeit am Themenkomplex „Land und Leute zur Zeit Jesu" genutzt werden, aber auch als Nachschlagewerk, das nach eigenen Bedürfnissen erweitert werden kann. Denn wenn wir uns mit dem Leben Jesu beschäftigen, tauchen immer wieder Fragen auf, die zum grundlegenden Verständnis der Texte des Neuen Testaments gehören. Wie sah es zur Zeit Jesu in dem Land aus, in dem er lebte? Wer regierte dort? Wie waren die Wohn- und Lebensverhältnisse? Welche Berufe hatten die Menschen? Was ist ein Hohenpriester und wer waren die Pharisäer und Sadduzäer?

Mit Hilfe der Info-Kartei, die die Lernenden mit diesem Material selbst herstellen, können unklare Begriffe und auftretende Fragen zu Bibeltexten jederzeit selbstständig von den Lernenden geklärt werden.

Entscheiden Sie im Vorfeld, ob die Schülerinnen und Schüler[1] in Gruppenarbeit eine Info-Kartei für den Gebrauch in der Klasse anfertigen oder ob sich alle eine eigene Info-Kartei erstellen.

Selbstverständlich erhebt dieses Heft keinen Anspruch auf Vollständigkeit. Neben den vorgegebenen Bild- und Textkarten finden Sie auf S. 14 zwei Blankovorlagen im selben Format. Diese können in beliebiger Anzahl kopiert und von den Schülern selbstständig ausgefüllt werden, um damit die Info-Kartei zu erweitern.

Außerdem bietet Ihnen das vorliegende Heft zahlreiche Bastelvorlagen und Anregungen zur spielerischen Vertiefung der Unterrichtsinhalte an.

Symbole für Differenzierungsmöglichkeiten:

Grundlegendes Niveau ⊙
Mittleres Niveau !
Erweitertes Niveau ✶

Gutes Gelingen und viel Freude mit dem vorliegenden Material wünschen das Team des Kohl-Verlags, sowie

Anneli Klipphahn & Waldemar Mandzel

[1] Zur besseren Lesbarkeit beschränken wir uns im Folgenden auf Schüler

1 Das Land Jesu – Landesteile, Gewässer und wichtige Orte

Aufgaben: *Unterstreiche in diesem Text alle:*

a) Gewässer – blau
b) Landesteile – grün
c) Orte – rot

Das Land, in dem Jesus lebte, liegt am Mittelmeer. Zur Zeit Jesu war es eine römische Provinz und hieß Palästina.

Die drei Landesteile, die immer wieder in den Berichten der Evangelisten vorkommen, heißen Galiläa, Samaria/Samarien und Judäa.

Maria und Josef wohnten in Galiläa, in dem kleinen Ort Nazareth. Dort ist Jesus später auch aufgewachsen. Doch geboren ist er in Bethlehem, im Landesteil Judäa. Wegen der Volkszählung des Kaisers Augustus mussten Maria und Josef dorthin gehen, denn Josef war ein Nachkomme von König David, der aus Bethlehem kam.

Die Hauptstadt des Landes heißt Jerusalem. Dort stand zur Zeit Jesu der Tempel. Mit zwölf Jahren ging Jesus das erste Mal in den Tempel. Später wurde Jesus in Jerusalem zum Tode verurteilt und gekreuzigt. Nach seiner Auferstehung zeigt er sich dort mehrmals seinen Jüngern. Jerusalem liegt im Landesteil Judäa.

In Judäa gibt es auch die Wüste und das Tote Meer. Es ist eigentlich eher ein großer See, der ungefähr 420 Meter unter dem Meeresspiegel liegt. Das Tote Meer hat einen sehr hohen Salzgehalt. Es heißt Totes Meer, weil darin keine Fische leben können. Wenn man im Toten Meer badet, geht man nicht unter. Durch den hohen Salzgehalt kann man still auf dem Wasser liegen. Wenn das Wasser verdunstet, bleibt das Salz zurück. Das Wasser im Toten Meer kommt vor allem vom Jordan. Er fließt von Nord nach Süd durch das Land.

Im Jordan wurde Jesus getauft. Der Jordan ist die wichtigste Wasserquelle des Landes und fließt im Norden durch den See Genezareth (Gennesaret).
Der See Genezareth wird auch See von Tiberias oder See von Galiläa oder Galiläisches Meer genannt. Er befindet sich in dem Landesteil Galiläa und liegt 212 Meter unter dem Meeresspiegel. Damit ist er der am tiefsten liegende Süßwassersee der Erde. Im See Genezareth gibt es viele Fische. Einige Jünger Jesu waren Fischer, bevor sie mit Jesus gingen.

Am Ufer des Sees befinden sich zahlreiche Orte, in denen Jesus sich immer wieder aufhielt, zum Beispiel der Fischerort Kapernaum.

Aus Kapernaum kamen die Geschwister Simon Petrus und Andreas und die Brüder Jakobus und Johannes, die zu Jüngern Jesu wurden. Weil Jesus oft in Kapernaum war, wird es manchmal auch „seine Stadt" genannt. Jesus predigte und heilte in Kapernaum. Außerdem lehrte er dort in der Synagoge.

2 Palästina zur Zeit Jesu

Aufgaben:
1. *Male auf der Landkarte alle Gewässer blau. Unterstreiche ihre Namen blau.*
2. *Zeichne die Grenzen der Landesteile grün nach. Unterstreiche auch ihre Bezeichnung grün.*
3. *Unterstreiche die im Text genannten Orte rot.*

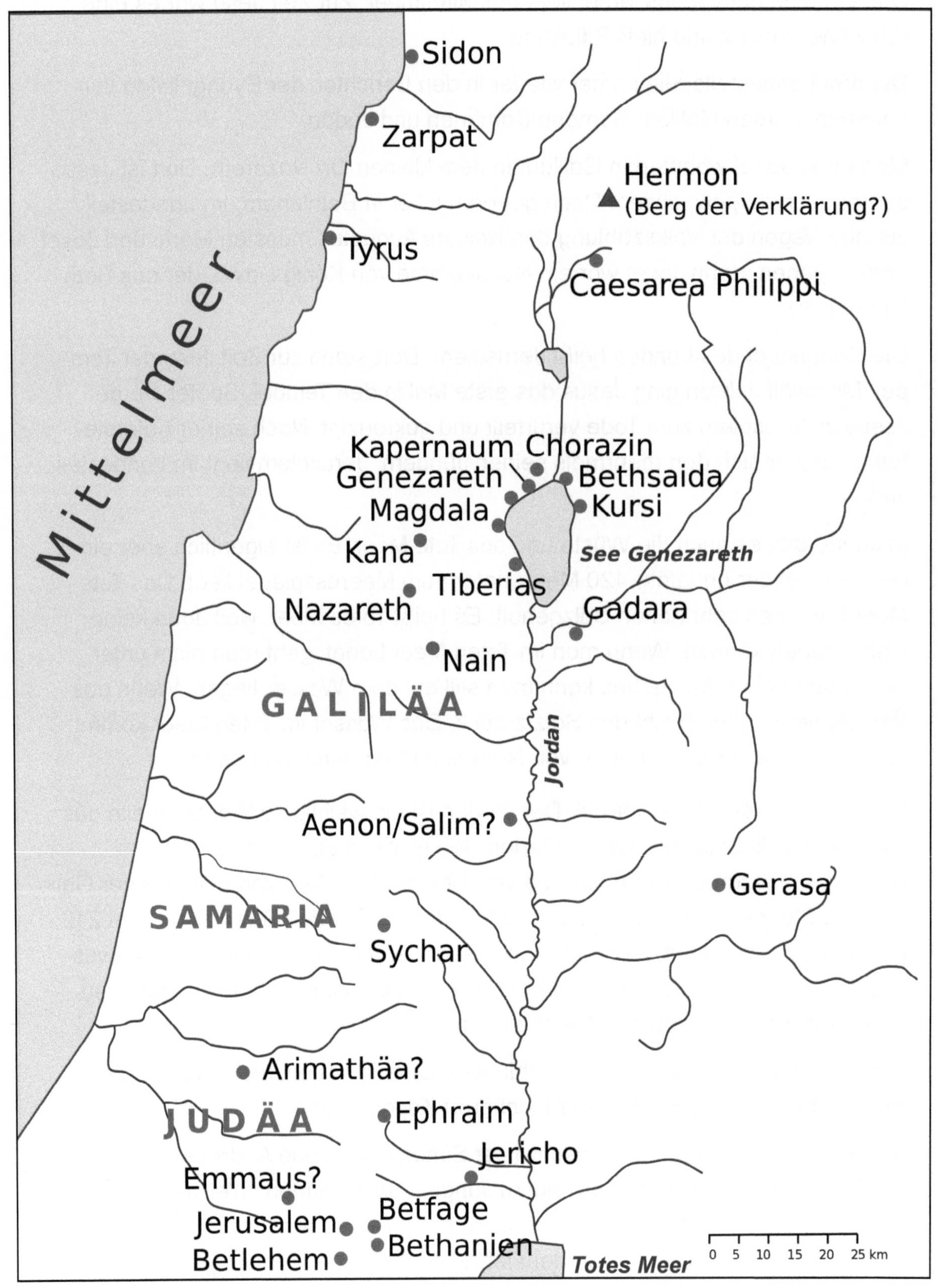

KOHL VERLAG DAS LEBEN JESU Band 3: Land und Leute – Bestell-Nr. 12 897

Das Land, in dem Jesus lebte

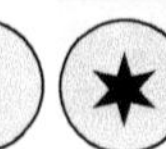

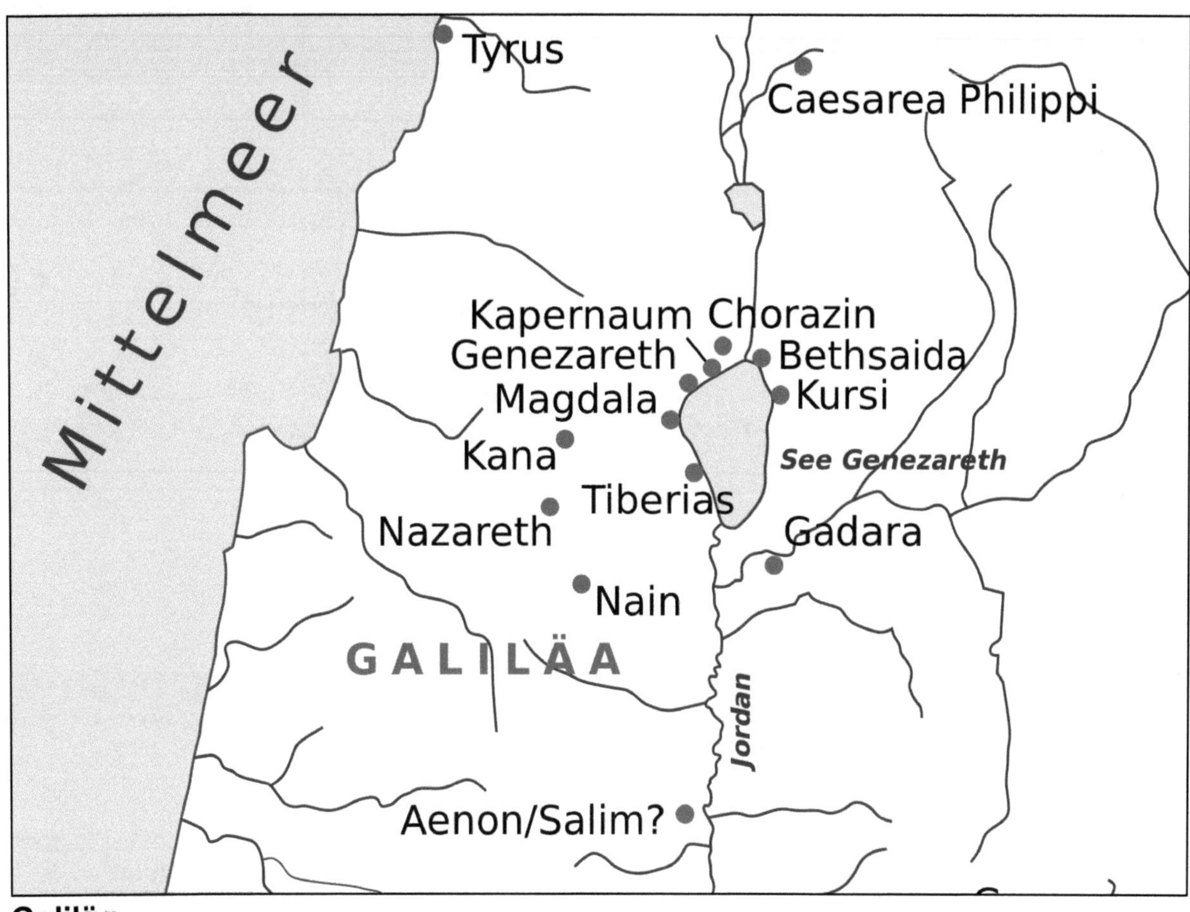

Galiläa

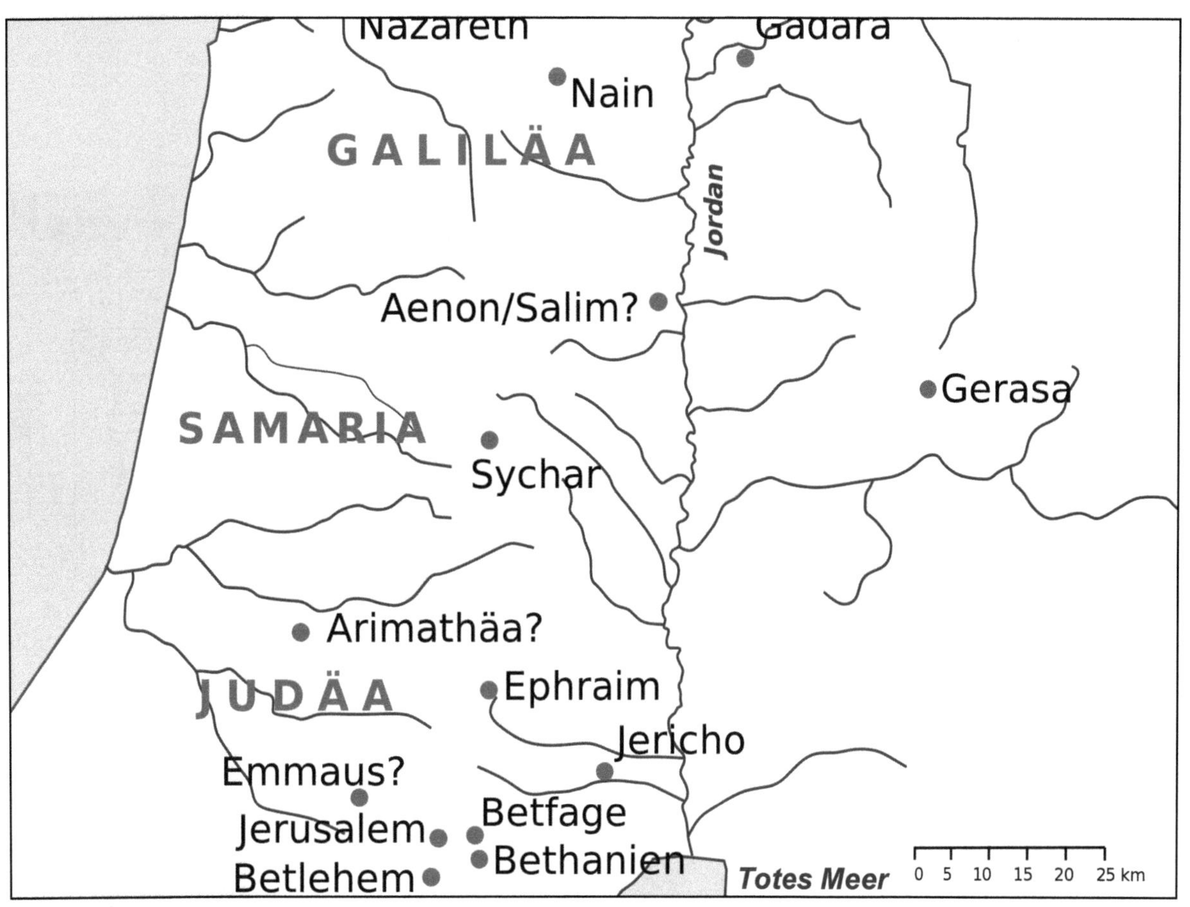

Samaria

DAS LEBEN JESU
Band 3: Land und Leute – Bestell-Nr. 12 897
KOHL VERLAG

3 Das Land, in dem Jesus lebte

Judäa

Nazareth

DAS LEBEN JESU
Band 3: Land und Leute – Bestell-Nr. 12 897
KOHL VERLAG

3 Das Land, in dem Jesus lebte

Bethlehem

Jerusalem

3 Das Land, in dem Jesus lebte

Kapernaum

See Genezareth

KOHL VERLAG DAS LEBEN JESU
Band 3: Land und Leute – Bestell-Nr. 12 897

3 Das Land, in dem Jesus lebte

Galiläa mit See Genezareth

Der Jordan

3 Das Land, in dem Jesus lebte

Die Negev Wüste

Der Ölberg

DAS LEBEN JESU
Band 3: Land und Leute – Bestell-Nr. 12 897
KOHL VERLAG

3 Das Land, in dem Jesus lebte

Alter Olivenbaum im Garten Gethsemane

Das Tote Meer in Judäa

4 Info-Karten

KOHL VERLAG Lernen mit Erfolg
DAS LEBEN JESU
Band 3: Land und Leute – Bestell-Nr. 12 897

5 Das Land, in dem Jesus lebte / Info-Karten

Galiläa

Galiläa ist einer der drei Landesteile, die immer wieder in den Berichten der Evangelisten vorkommen. Es liegt im Norden des Landes. Maria und Josef wohnten in Galiläa, in dem kleinen Ort **Nazareth**. Dort ist Jesus später auch aufgewachsen.

In Galiläa befinden sich der **See Genezareth** und viele Orte, in denen Jesus sich immer wieder aufhielt, zum Beispiel der Fischerort **Kapernaum**.

Aus Kapernaum kamen die Geschwister Simon Petrus und Andreas und die Brüder Jakobus und Johannes, die zu Jüngern Jesu wurden. Weil Jesus oft in Kapernaum war, wird es manchmal auch „seine Stadt" genannt.

Jesus hat in seiner Heimat Galiläa oft gepredigt, Menschen geheilt und Wunder getan. Manchmal wird Jesus auch der *Galiläer* genannt.

Samarien/Samaria

Samarien/Samaria ist einer der drei Landesteile, die immer wieder in den Berichten der Evangelisten vorkommen. Es wurde nach der Stadt Samaria benannt, die auf einem Hügel lag. Samarien/Samaria befindet sich zwischen **Galiläa** und **Judäa**. Die Bewohner von Samarien/Samaria werden **Samariter/Samaritanerin** genannt. Sie waren eine Mischbevölkerung aus Juden und anderen Völkern. Viele von ihnen beteten neben dem Gott der Juden noch andere Götter an. Die frommen Juden verachteten die Samariter, weil diese gegen das erste Gebot verstießen: „Ich bin der Herr, dein Gott. Du sollst keine anderen Götter haben neben mir."

Die Samariter mochten die frommen Juden nicht, zwischen Juden und Samaritern bestand zur Zeit Jesu eine regelrechte Feindschaft.

KOHL VERLAG DAS LEBEN JESU Band 3: Land und Leute - Bestell-Nr. 12 897

5 Das Land, in dem Jesus lebte / Info-Karten

Judäa/Juda

Judäa/Juda ist einer der drei Landesteile, die immer wieder in den Berichten der Evangelisten vorkommen. Judäa/Juda liegt im Süden des Landes. In diesem Landesteil befindet sich die Hauptstadt von Palästina (heute Israel). Sie heißt **Jerusalem**. Südlich von Jerusalem liegt **Bethlehem**, der Geburtsort von Jesus.

Der Jordan mündet in Judäa ins **Tote Meer**. In Judäa gibt es auch **Wüste**.

Der Name Juda kommt aus dem *Hebräischen* und bedeutet *preisen*; Gott preisen oder danken; oder Gott sei gepriesen.

Juda war der vierte Sohn von Jakob. Jakob wurde später von Gott Israel genannt und seine Söhne wurden zu Vätern der einzelnen Stämme des Volkes Israel. Der Stamm Juda wohnte im Süden des Landes. König David war ein Nachkomme Judas. Jesus gilt als Nachkomme von König David, er stammt also auch vom Stamm Juda ab.

Später wurden alle Menschen, die den jüdischen Glauben hatten, Juden genannt.

Nazareth

Nazareth befindet sich im Landesteil **Galiläa**. Zur Zeit Jesu war es ein ziemlich kleiner Ort.

Maria und Josef wohnten in Nazareth und Jesus verbrachte dort seine Kindheit.

5 Das Land, in dem Jesus lebte / Info-Karten

Bethlehem/Betlehem

Bethlehem war zur Zeit Jesu ein sehr kleiner Ort, umgeben von Weideflächen. Es liegt im Landesteil **Judäa/Juda**, südlich von **Jerusalem**, im jüdischen Bergland.

Jesus ist in Bethlehem geboren. Wegen der Volkszählung des Kaisers Augustus mussten Maria und Josef dorthin gehen, denn Josef war ein Nachkomme von König David, der aus Bethlehem kam.

Der Evangelist Lukas berichtet, dass Hirten die ersten Gäste an der Krippe waren.

Kapernaum/Kafarnaum

Kapernaum war ein etwas größerer Ort am nordwestlichen Ufer des **Sees Genezareth**. Seine Bewohner lebten vom Fischfang und von der Landwirtschaft.

Aus Kapernaum kamen die Geschwister Simon Petrus und Andreas und die Brüder Jakobus und Johannes, die zu **Jüngern** Jesu wurden. Weil Jesus oft in Kapernaum war und zeitweise dort wohnte, wird es manchmal auch *seine Stadt* genannt.

Jesus hat in Kapernaum gepredigt, Menschen geheilt und in der **Synagoge** gelehrt.

5 Das Land, in dem Jesus lebte / Info-Karten

Jerusalem

Jerusalem liegt im Landesteil Judäa und ist die Hauptstadt des Landes, in dem Jesus lebte. Zur Zeit Jesu stand dort der **Tempel**, das zentrale Heiligtum der Juden. Zu den wichtigsten Festen, z. B. dem Passafest, pilgerten die frommen Juden nach Jerusalem.

Der Evangelist Lukas berichtet davon, wie der 12-jährige Jesus mit seinen Eltern zum Passafest nach Jerusalem zum Tempel ging.

Später wurde Jesus in Jerusalem zum Tode verurteilt und gekreuzigt. Nach seiner Auferstehung zeigte er sich dort mehrmals seinen Jüngern.

Zum Pfingstfest bekamen die Jünger in Jerusalem den Heiligen Geist und begannen, die gute Nachricht von der Auferstehung Jesu allen Menschen weiterzusagen.

Der Ölberg

Der Ölberg befindet sich östlich von **Jerusalem**. Er wird so genannt, weil dort schon zur Zeit Jesu viele Olivenbäume wuchsen, aus denen Öl hergestellt wurde.

Am Ölberg liegt der Garten Gethsemane/Getsemani. Im Garten Gethsemane hat Jesus in der Nacht vor seinem Tod gebetet. Dort wurde er auch gefangengenommen.

Außerdem traf Jesus sich am Ölberg noch einmal mit seinen Jüngern, bevor er vor ihren Augen unsichtbar wurde und zu Gott ging (Himmelfahrt).

5 Das Land, in dem Jesus lebte / Info-Karten

See Genezareth/Gennesaret

Der See Genezareth wird auch See von Tiberias, See von Galiläa oder Galiläisches Meer genannt. Er befindet sich im Landesteil **Galiläa** und liegt ca. 212 Meter unter dem Meeresspiegel. Damit ist er der am tiefsten liegende Süßwassersee der Erde. Er ist ungefähr 20 km lang, 12 km breit und an der tiefsten Stelle 44 Meter tief.

Im See Genezareth gibt es viele Fische. Einige Jünger Jesu waren Fischer, bevor sie mit Jesus gingen.

Am Ufer des Sees befinden sich zahlreiche Orte, in denen Jesus sich immer wieder aufhielt, zum Beispiel **Kapernaum**, Betsaida, Magdala und Tiberias.

Zuweilen fuhr Jesus auch mit seinen Jüngern von einem Ort zum anderen über den See.

Durch die besondere geographische Lage des Sees können dort plötzliche heftige Wirbelstürme auftreten, ausgelöst durch sogenannte Fallwinde.

Die Evangelisten berichten, dass auch die Jünger Jesu von solchen Stürmen überrascht wurden und in Lebensgefahr gerieten, während sie mit dem Boot auf dem See waren.

Galiläa mit See Genezareth

Um den See Genezareth herum ist das Land sehr fruchtbar. Viele Menschen lebten zur Zeit Jesu von der Landwirtschaft, sie waren **Bauern**. In dieser Gegend gab es viele Felder, auf denen Getreide wuchs. Noch heute wachsen in Galiläa auch viele Bäume mit wertvollen Früchten, wie Feigen, Datteln, Oliven, Granatäpfeln und Zitrusfrüchten. Auch der Weinanbau war zur Zeit Jesu schon verbreitet. Jesus erwähnt den Weinberg, den Weinstock und die Weinbauern in verschiedenen Gleichnissen.

KOHL VERLAG DAS LEBEN JESU Band 3: Land und Leute – Bestell-Nr. 12 897

5 Das Land, in dem Jesus lebte / Info-Karten

Der Jordan

Der Jordan ist die wichtigste Wasserquelle des Landes, in dem Jesus lebte.

Der Fluss entspringt im Gebirge Hermon und fließt von Nord nach Süd durchs Land.

In **Galiläa** fließt der Jordan durch den **See Genezareth**, in **Judäa** mündet er in das **Tote Meer**.

In der Nähe des Jordans ist das Land sehr fruchtbar.

Am Jordan predigte Johannes der Täufer, Jesus ließ sich von Johannes im Jordan taufen.

Die Wüste

In dem Land, wo Jesus lebte, nimmt die Wüste Negev ein Gebiet von 12 000 km² ein.

Johannes der Täufer lebte eine Zeit lang in der Wüste und von Jesu wird berichtet, dass er durch den Teufel in die Wüste geführt und dort versucht wurde.

5 Das Land, in dem Jesus lebte / Info-Karten

Das Tote Meer

Das Tote Meer liegt im Süden des Landes, in Galiläa.

Es ist ca. 80 km lang und 15 km breit und liegt ungefähr 430 Meter unter dem Meeresspiegel.

Das Tote Meer ist eigentlich eher ein großer See, der keinen Abfluss hat. Der Jordan mündet in das Tote Meer. Ein großer Teil des Wassers verdunstet, weil es am Toten Meer sehr trocken und warm ist.

Das Tote Meer hat einen sehr hohen Salzgehalt. Weil es wegen des hohen Salzgehaltes fast kein Leben in diesem Wasser gibt, heißt es Totes Meer. Wenn das Wasser verdunstet, bleibt das Salz zurück.

Wenn man im Toten Meer badet, geht man nicht unter. Durch den hohen Salzgehalt kann man still auf dem Wasser liegen.

In der Bibel wird das Tote Meer auch Salzmeer oder Meer des Todes genannt.

DAS LEBEN JESU
Band 3: Land und Leute – Bestell-Nr. 12 897

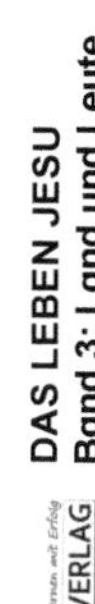

6 Palästina zur Zeit Jesu

Das Land, in dem Jesus lebte, wird auch das Heilige Land genannt.

Heute heißt es Israel.

Zur Zeit Jesu nannte man es Palästina. Als Jesus im Land der Juden geboren wurde, regierte dort der König Herodes (Mt 2,1; Lk 1,5).

Palästina war kein eigenständiges Land, sondern eine Provinz des Imperium Romanum, des großen Römischen Reiches, und wurde vom römischen Kaiser beherrscht.

Zur Zeit der Geburt Jesu regierte Kaiser Augustus (Lk 2,1).

Da der Kaiser nicht überall sein konnte, hatte er Stellvertreter in allen Gebieten, die zu seinem Reich gehörten. Seine Stellvertreter waren zum Beispiel die Statthalter und die römischen Soldaten.

Im Zusammenhang mit der Geburt Jesu wird Quirinus als Statthalter der Provinz Syrien erwähnt (Lk 2,2).

Viel bekannter ist aber der Statthalter Pontius Pilatus, der später für die Hinrichtung Jesu verantwortlich war (Mt 27,1 - 30).

Die Menschen, die zur Zeit Jesu lebten, waren nicht gut auf die Römer zu sprechen.

Die Römer waren nicht nur die Besatzer, sondern sie hatten auch einen ganz anderen Glauben als die Juden. Unter anderem verehrten sie den römischen Kaiser wie einen Gott.

Die Juden wünschten sich, dass der Messias käme, um sie von den römischen Besatzern zu befreien.

Die Bezeichnung Messias kommt aus dem Hebräischen und bedeutet der Gesalbte.

Die Israeliten hofften auf den einen, von Gott eingesetzten Messias, den Erlöser, Retter, Heiland und König der Welt, auf Griechisch: Christus.

Aufgaben: **a)** *Wer vertrat in Palästina die Interessen des römischen Kaisers?*

b) *Wie war das Verhältnis zwischen Juden und Römern?*

6 Palästina zur Zeit Jesu – Info-Karten

Das Land, in dem Jesus lebte, liegt am Mittelmeer. Zur Zeit Jesu war es eine römische Provinz und hieß Palästina. Die drei Landesteile, die immer wieder in den Berichten der Evangelisten vorkommen, heißen Galiläa, Samaria/Samarien und Judäa.

Maria und Josef wohnten in Galiläa, in dem kleinen Ort Nazareth. Dort ist Jesus später auch aufgewachsen. Doch geboren ist er in Bethlehem, im Landesteil Judäa. Wegen der Volkszählung des Kaisers Augustus mussten Maria und Josef dorthin gehen, denn Josef war ein Nachkomme von König David, der aus Bethlehem kam. Die Hauptstadt des Landes heißt Jerusalem. Dort stand zur Zeit Jesu der Tempel. Mit zwölf Jahren war Jesus das erste Mal im Tempel. Später wurde Jesus in Jerusalem zum Tode verurteilt und gekreuzigt. Nach seiner Auferstehung zeigt er sich dort mehrmals seinen Jüngern. Jerusalem liegt im Landesteil Judäa. In Judäa gibt es auch die Wüste und das Tote Meer. Es ist eigentlich eher ein großer See, der ungefähr 420 Meter unter dem Meeresspiegel liegt. Das Tote Meer hat einen sehr hohen Salzgehalt. Es heißt Totes Meer, weil darin keine Fische leben können. Wenn man im Toten Meer badet, geht man nicht unter. Durch den hohen Salzgehalt kann man still auf dem Wasser liegen. Wenn das Wasser verdunstet, bleibt das Salz zurück. Das Wasser im Toten Meer kommt vor allem vom Jordan. Er fließt von Nord nach Süd durch das Land. Im Jordan wurde Jesus getauft. Der Jordan ist die wichtigste Wasserquelle des Landes und fließt im Norden durch den See Genezareth (Gennesaret). Der See Genezareth wird auch See von Tiberias oder See von Galiläa oder Galiläisches Meer genannt. Er befindet sich in dem Landesteil Galiläa und liegt 212 Meter unter dem Meeresspiegel. Damit ist er der am tiefsten liegende Süßwassersee der Erde. Im See Genezareth gibt es viele Fische. Einige Jünger Jesu waren Fischer, bevor sie mit Jesus gingen.

Am Ufer des Sees befinden sich zahlreiche Orte, in denen Jesus sich immer wieder aufhielt, zum Beispiel der Fischerort Kapernaum. Aus Kapernaum kamen die Geschwister Simon Petrus und Andreas und die Brüder Jakobus und Johannes, die zu Jüngern Jesu wurden. Weil Jesus oft in Kapernaum war, wird es manchmal auch „seine Stadt" genannt. Jesus predigte und heilte in Kapernaum. Außerdem lehrte er dort in der Synagoge.

Das Land, in dem Jesus lebte, wird auch das Heilige Land genannt. Heute heißt es Israel.

Zur Zeit Jesu nannte man es Palästina. Als Jesus im Land der Juden geboren wurde, regierte dort der König Herodes (Mt 2,1; Lk 1,5). Palästina war kein eigenständiges Land, sondern eine Provinz des Imperium Romanum, des großen Römischen Reiches, und wurde vom römischen Kaiser beherrscht.

Zur Zeit der Geburt Jesu regierte Kaiser Augustus (Lk 2,1). Da der Kaiser nicht überall sein konnte, hatte er Stellvertreter in allen Gebieten, die zu seinem Reich gehörten. Seine Stellvertreter waren zum Beispiel die Statthalter und die römischen Soldaten. Im Zusammenhang mit der Geburt Jesu wird Quirinus als Statthalter der Provinz Syrien erwähnt (Lk 2,2). Viel bekannter ist aber der Statthalter Pontius Pilatus, der später für die Hinrichtung Jesu verantwortlich war (Mt 27,1 - 30).

Die Menschen, die zur Zeit Jesu lebten, waren nicht gut auf die Römer zu sprechen. Die Römer waren nicht nur die Besatzer, sondern sie hatten auch einen ganz anderen Glauben als die Juden. Unter anderem verehrten sie den römischen Kaiser wie einen Gott.

Die Juden wünschten sich, dass der Messias käme, um sie von den römischen Besatzern zu befreien.

Die Bezeichnung Messias kommt aus dem Hebräischen und bedeutet der Gesalbte.

Die Israeliten hofften auf den einen, von Gott eingesetzten Messias, den Erlöser, Retter, Heiland und König der Welt, auf Griechisch: Christus.

7 Wie lebten die Menschen zur Zeit Jesu?

8 So lebten die Leute zur Zeit Jesu

So lebten die Leute zur Zeit Jesu

Jesus ist in Nazareth aufgewachsen. Das ist ein kleiner Ort im Landesteil Galiläa.

Die Häuser hatten flache Dächer. An der Seite führte eine Treppe zum Dach des Hauses hinauf. Auf dem Dach konnten die Menschen sitzen und miteinander essen. Man konnte sich dort auch hinlegen, um auszuruhen. In der Hitze des Sommers war es angenehmer auf dem Dach zu schlafen als im Haus.

Neben oder hinter dem Haus liefen auch die kleineren Tiere herum.

Da es im Lande Jesu meistens recht warm ist und die Häuser klein waren, lebten und arbeiteten die Leute früher vor allem im Freien.

Die Frauen waren für die Kinder und die Haustiere verantwortlich. Außerdem kümmerten sie sich um die Kleidung, holten Wasser vom Brunnen, kochten draußen Essen, mahlten das Getreide zu Mehl und backten daraus knuspriges Fladenbrot. Die Kinder halfen beizeiten mit bei den vielfältigen Arbeiten.

Die meisten Männer arbeiteten als Kleinbauern auf den Feldern, als Hirten oder Fischer. Es gab aber auch Weinbauern, Tischler, Töpfer und andere Berufsgruppen.

DAS LEBEN JESU
Band 3: Land und Leute – Bestell-Nr. 12 897
KOHL VERLAG

9 Wie sah es im Haus aus?

10 So sah es im Haus aus

So sah es in einem Haus in einem kleinen Ort aus

Die Menschen in den kleinen Orten lebten sehr einfach. Im Haus gab es nur einen einzigen großen Raum. Sie hatten keine oder nur wenige Möbel. Zum Schlafen breiteten sie eine Matte aus und legten sich auf den Boden. Auch zum Essen setzten sich alle auf den Fußboden. Sie nahmen das Essen mit den Händen aus gemeinsamen Schüsseln, ohne Besteck oder einen Teller für jeden. Die kleinen Haustiere hielten sich meist mit im selben Raum auf.

Das Essen wurde auf einer offenen Feuerstelle zubereitet. Wenn es das Wetter zuließ, wurde draußen gekocht, gebacken und gegessen.

Reiche Menschen, die in den Städten wohnten, lebten in besseren Verhältnissen. Sie besaßen Bänke, Tische, Stühle, Truhen und Betten.

11 Wir bauen ein palästinensisches Dorf

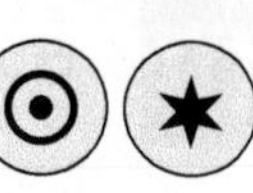

KOHL VERLAG DAS LEBEN JESU Band 3: Land und Leute – Bestell-Nr. 12 897

12 Getreide, Früchte, Gewürze und noch mehr

Weizen

Zur Zeit Jesu lebten viele Menschen vom Ackerbau und den Früchten.

Sie bauten verschiedene Getreidesorten an, aus denen sie Brot und Fladen backten und verschiedene Suppen, Breie und andere Gerichte kochten.

Jesus spricht oft vom Weizen und vom Weizenkorn, das sehr klein ist, aber viel Frucht bringen kann.

Auch Gerste, geröstete Körner, Bohnen, Linsen und Hirse werden in der Bibel erwähnt.

Weiterhin kommen in der Bibel Kürbisse und Melonen, Gurken, Lauch, Zwiebeln und Knoblauch vor.

Auch Gewürze kannten die Menschen zur Zeit Jesu schon. In der Bibel werden unter anderem genannt: Dill und Kümmel, Senfkorn und Salz, Minze und Raute (Weinraute oder Gartenraute), Koriandersamen, Safran und Zimt.

Als Süßungsmittel verwendete man Honig.

Von den Bäumen ernteten die Menschen unter anderem Oliven, Mandeln, Nüsse, Datteln, Feigen, Zitrusfrüchte und Granatäpfel.

Außerdem kannte man zahlreiche Pflanzen, die zu Heil- und Pflegezwecken und für Opferhandlungen verwendet wurden, zum Beispiel Kalmus und Aloe, Myrrhe, Narde und Weihrauch.

KOHL VERLAG DAS LEBEN JESU Band 3: Land und Leute – Bestell-Nr. 12 897

12 Getreide, Früchte, Gewürze und noch mehr

Weinreben

Der Weinstock und seine Reben

Der Anbau von Wein spielte zur Zeit Jesu ebenfalls eine große Rolle. Jesus erwähnt den Weinstock, den Wein und die Weinbauern oft in seinen Gleichnissen.

Als Jesus lebte, wusste jeder in Palästina was ein Weinberg, ein Weingärtner und eine Weinrebe ist.

Weintrauben wurden als frische Früchte genossen, es wurde auch Wein daraus hergestellt.

Dazu mussten die Weintrauben mit einer Weinpresse ausgepresst werden. Nach der Gärung wurde der Saft zu Wein.

Wein wurde zu Festen genossen, auch bei der Hochzeit zu Kana.

Wein spielte aber auch beim Passa und beim letzten Abendmahl Jesu mit seinen Jüngern eine wichtige Rolle.

KOHL VERLAG DAS LEBEN JESU Band 3: Land und Leute – Bestell-Nr. 12 897

13 Fisch und Fleisch, Milch, Butter, Käse und Eier

!

Fisch und Fleisch, Milch, Butter, Käse und Eier

Im See Genezareth gibt es noch heute viele Fische.

Da Jesus in Galiläa groß geworden ist und sich auch später oft dort aufgehalten hat, hat er sicher öfter Fisch gegessen. Einige seiner Jünger waren Fischer, bevor sie Jesus folgten.

Die Evangelisten berichten davon, wie Jesus durch ein Wunder dafür sorgte, dass tausende Menschen durch wenige Brote und Fische satt wurden.

Bei den einfachen Menschen aus dem Dorf stand Fleisch nur sehr selten auf dem Speiseplan.

Hühner wurden beim Haus gehalten, Milch bekam man auch von Ziegen und Schafen.

Die frommen Juden richteten sich nach den Speisegesetzen der Thora.

Der Verzehr von Schweinefleisch ist den Juden nicht erlaubt, das Schwein gilt als unrein.

Fleisch darf auch nicht zusammen mit Milch und Milchprodukten verzehrt werden.

KOHL VERLAG DAS LEBEN JESU Band 3: Land und Leute – Bestell-Nr. 12 897

14 Welche Berufe gab es zur Zeit Jesu?

Ackerbauer

Ackerbauer/Bauer

Zur Zeit Jesu lebten viele Menschen vom Ackerbau und den Früchten des Feldes.

Sie bauten verschiedene Getreidesorten an, aus denen sie Brot und Fladen backten und verschiedene Suppen, Breie und andere Gerichte kochten.

Jesus spricht oft vom Weizen und vom Weizenkorn, das sehr klein ist, aber viel Frucht bringen kann.

Auch Gerste, geröstete Körner, Bohnen, Linsen und Hirse werden in der Bibel erwähnt.

14 Welche Berufe gab es zur Zeit Jesu?

Weinbauer – Winzer

Weinbauer/Weingärtner/Winzer

Als Jesus lebte, wusste jeder in Palästina was ein Weinberg, ein Weingärtner und eine Weinrebe ist.

Weintrauben wurden als Früchte genossen, aber es wurde auch Wein daraus hergestellt.

Dazu mussten die Weintrauben mit einer Weinpresse ausgepresst werden. Nach der Gärung wurde der Saft zu Wein.

Wein wurde zu Festen genossen, spielte aber auch beim Passa und beim letzten Abendmahl Jesu mit seinen Jüngern eine wichtige Rolle.

Jesus erwähnte den Wein, den Weinstock und die Weingärtner oft in seinen Gleichnissen.

KOHL VERLAG DAS LEBEN JESU Band 3: Land und Leute – Bestell-Nr. 12 897

15 Berufe zur Zeit Jesu – Info-Karten

Fischer

Fischer

Im **See Genezareth** gab es viele Fische. Viele Menschen in **Galiläa** lebten vom Fischfang.

Die Fischer fuhren nachts auf den See hinaus. Am Morgen wurden die Fische verkauft oder durch Salz haltbar gemacht. Die Fischer mussten sich um die Erhaltung der Boote und der Netze kümmern.

Einige **Jünger** Jesu waren Fischer, bevor sie mit Jesus gingen. Matthäus, Markus und Lukas berichten, dass sie gerade dabei waren, ihre Netze auszuwaschen und zu reparieren, als Jesus kam.

Am See und auf dem See haben die Jünger manches Wunder mit Jesus erlebt.

KOHL VERLAG DAS LEBEN JESU Band 3: Land und Leute – Bestell-Nr. 12 897

15 Berufe zur Zeit Jesu – Info-Karten

Händler/Händlerin/Kaufleute

Händler/Händlerin/Kaufleute

Bereits zur Zeit Jesu gab es in den größeren Städten Markttage. **Handwerker** und **Bauern** kamen mit ihren Waren durchs Stadttor und verkauften sie auf dem Markt. Es gab aber auch Kaufleute und Händler, die direkt vom Kauf und Verkauf von Waren lebten.

Im Gleichnis „vom Schatz im Acker und der kostbaren Perle" spricht Jesus von einem Kaufmann, der mit Perlen handelt.

Beim „Tempelreinigen" treibt Jesus die Händler aus dem Tempel, weil er wollte, dass der Tempel als heiliger Ort akzeptiert wird.

KOHL VERLAG DAS LEBEN JESU Band 3: Land und Leute – Bestell-Nr. 12 897

Berufe zur Zeit Jesu – Info-Karten

Zöllner

Zöllner

Die Zöller waren sehr unbeliebt. Sie kassierten den Zoll für die **Römer**. Oft wurden sie von römischen **Soldaten** unterstützt.

Wenn ein **Bauer** seine Waren in der Stadt auf dem Markt verkaufen wollte, musste er durchs Stadttor gehen. Dort saß ein Zöllner und verlangte Geld dafür, dass der Bauer die Waren in die Stadt bringen durfte. Oft forderte der Zöllner mehr Zoll, als es eigentlich kosten durfte. Doch wenn der Bauer sich weigerte, den hohen Betrag zu zahlen, wurde er nicht in die Stadt gelassen. **Kaufleute** mussten auch an wichtigen Brücken und Handelsstraßen Zoll bezahlen.

KOHL VERLAG DAS LEBEN JESU Band 3: Land und Leute – Bestell-Nr. 12 897

15 Berufe zur Zeit Jesu – Info-Karten

Hirten

Hirten

Zur Zeit Jesu kannte jeder die Hirten. Sie zogen mit ihren Herden durchs Land und suchten die besten Weideflächen für sie. Nachts trieben sie die Schafe zusammen und blieben bei ihnen. Sie beschützten sie vor Gefahren und wilden Tieren.

In Psalm 23 wird Gott mit einem Hirten verglichen, der darauf achtet, dass es seinen Tieren an nichts fehlt. Er sorgte dafür, dass sie genügend Futter und frisches Wasser finden, bleibt bei ihnen, wenn sie dunkle Täler durchqueren müssen und sorgt dafür, dass sie sich sicher fühlen können, auch, wenn Feinde in der Nähe sind.

Zur Zeit Jesu waren die Hirten einfache Leute, die von vielen verachtet wurden. Doch Gott macht in seinem Wort immer wieder deutlich, dass er alle Menschen liebhat. Die verachteten Hirten waren die ersten Gäste an der Krippe und begrüßten den neu geborenen Sohn Gottes.

Jesus kümmerte sich während seines Lebens auf der Erde immer besonders um Schwache, Kranke, Verachtete und Ausgeschlossene. Auch in seinen Gleichnissen erwähnte Jesus oft die Hirten. Im Evangelium des Johannes verglich Jesus sich selbst mit dem guten Hirten, der seine Schafe so sehr liebt, dass er sogar sein Leben für sie hingibt. (Joh.10,11 - 18)

DAS LEBEN JESU
Band 3: Land und Leute – Bestell-Nr. 12 897

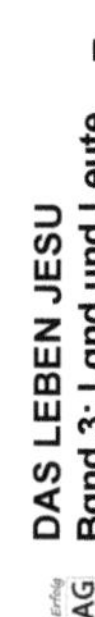

15 Berufe zur Zeit Jesu – Info-Karten

Handwerker/Töpfer

Handwerker/Töpfer

Zur Zeit Jesu gab es verschiedene Handwerksberufe. Dazu gehörten Töpfer und Weber, Tischler und Schuhmacher.

Der Beruf des Töpfers wird bereits im Alten Testament genannt.

Ton, Gefäß und Töpfer werden an vielen Stellen in der Bibel als vergleichende Bilder verwendet.

KOHL VERLAG DAS LEBEN JESU Band 3: Land und Leute – Bestell-Nr. 12 897

15 Berufe zur Zeit Jesu – Info-Karten

Ölgärtner/Olivenbauer/Olivengärtner

Ölgärtner/Olivenbauer/Olivengärtner

In Palästina gab es bereits zur Zeit Jesu viele Olivenbäume. Oliven nutzte man zum Kochen und Backen, vor allem aber, um Öl daraus zu gewinnen.

In der Bibel wird oft von Öl und Ölbäumen gesprochen, wobei fast immer Oliven gemeint sind. Die Oliven wurden im Herbst geerntet und mit einer Ölpresse ausgepresst.

Olivenöl war ein wichtiges Nahrungsmittel, wurde aber auch für medizinische Zwecke, zur Körperpflege und als Leuchtmittel für Öllampen verwendet.

Bereits im Alten Testament wird erwähnt, dass mit Olivenöl auch gehandelt wurde. (z. B. 1.Kön. 5,25).

KOHL VERLAG DAS LEBEN JESU Band 3: Land und Leute - Bestell-Nr. 12 897

15 Berufe zur Zeit Jesu – Info-Karten

Zimmermann/Bauhandwerker/Handwerker

Zimmermann/Bauhandwerker/Handwerker

In den Evangelien wird davon berichtet, dass Josef Zimmermann war. Der Evangelist Markus schreibt, dass auch Jesus dieses Handwerk erlernt hat (Mk 6,3).

Das griechische Wort für den Beruf des Josefs verrät uns, dass er ein Bauhandwerker oder auch Bauherr war. Das heißt, er fertigte nicht nur Möbel an, sondern er war auch fähig, ein ganzes Haus zu planen und zu bauen.

KOHL VERLAG DAS LEBEN JESU Band 3: Land und Leute – Bestell-Nr. 12 897

15 Berufe zur Zeit Jesu – Info-Karten

Bettler

Bettler

Manche Menschen, die zur Zeit Jesu lebten, waren krank und konnten deshalb nicht arbeiten. Wenn sie niemanden hatten, der für sie sorgte, mussten sie betteln gehen. Meist suchten sie sich einen Platz, an dem viele Leute vorbeikamen.

In den Evangelien wird uns unter anderem von dem blinden Bettler Bartimäus berichtet, der in Jericho am Weg saß und bettelte, als Jesus kam (Mk 10, 46).

15 Berufe zur Zeit Jesu – Info-Karten

Weberin/Weber/Handwerker

Weberin/Weber/Handwerker

Zur Zeit Jesu gab es verschiedene Handwerksberufe. Dazu gehörten Töpfer und Weber, Tischler und Schuhmacher.

Es war Aufgabe der Frauen, sich um die Kleidung der Familie zu kümmern. Zum Weben nutzten sie einen einfachen Webrahmen, der aus Hölzern zusammengefügt war.

In der Bibel finden wir aber auch genaue Anweisungen zum Weben, zum Beispiel, wie die Kleidung der Priester gewebt werden sollte (z. B. 2.Mose 28, 32).

Also gab es vermutlich auch den Handwerksberuf des Webers.

KOHL VERLAG DAS LEBEN JESU Band 3: Land und Leute – Bestell-Nr. 12 897

15 Berufe zur Zeit Jesu – Info-Karten

Schmied/Handwerk

Schmied/Handwerk

Bereits im Alten Testament wird das Handwerk des Schmiedes erwähnt.

Ein Schmied war schon zur Zeit Jesu sehr wichtig, er stellte zum Beispiel Waffen und Messer, Ketten und Nägel, Werkzeuge und Geräte für die Landwirtschaft her.

Dazu musste er ein Metallstück im Feuer erhitzen bis es glüht und dann mit dem Hammer bearbeiten.

KOHL VERLAG DAS LEBEN JESU Band 3: Land und Leute – Bestell-Nr. 12 897

16 Ein Geldbeutel wie zur Zeit Jesu

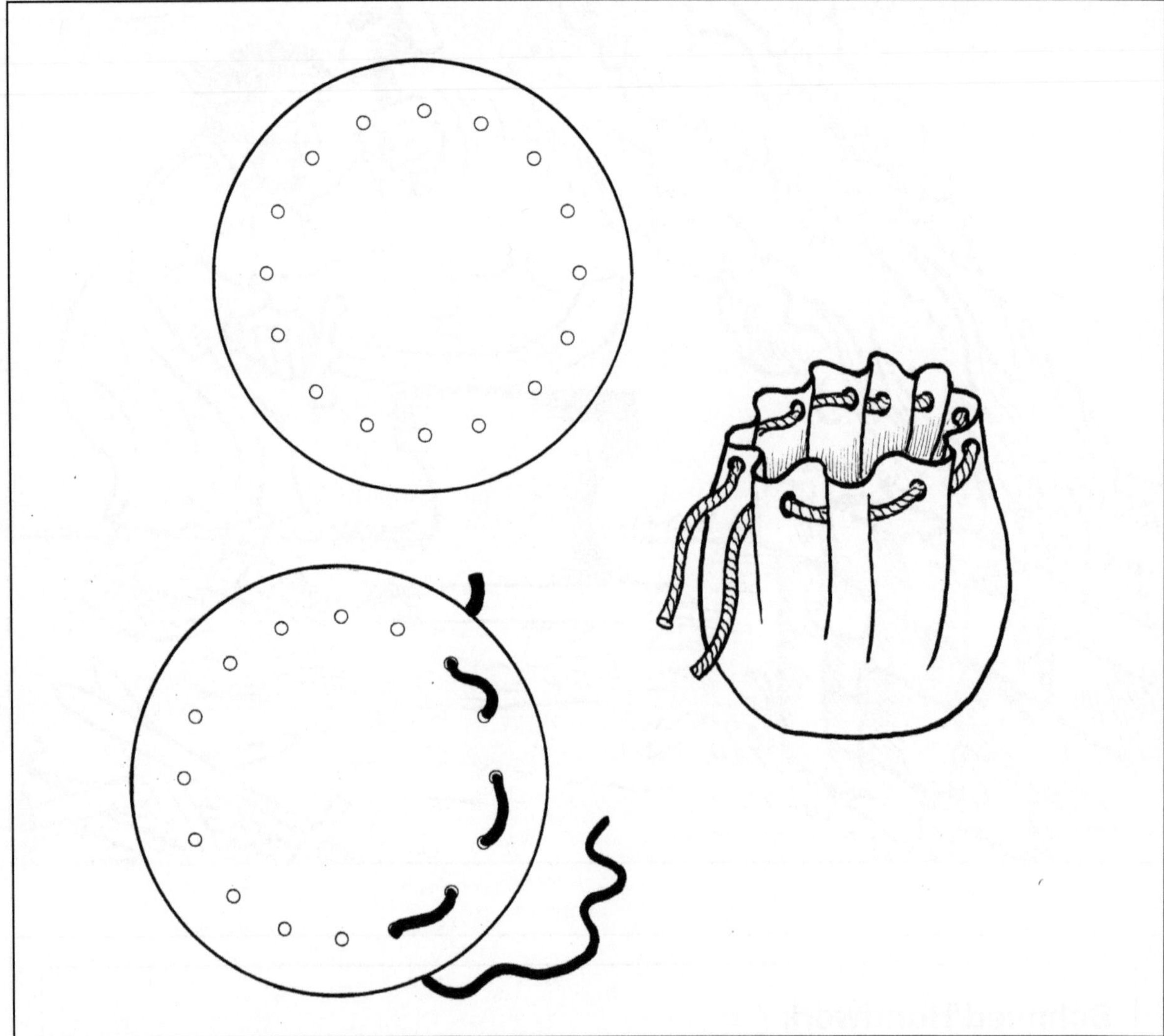

Aufgabe: *So kannst du dir rasch einen Geldbeutel herstellen, wie ihn die Menschen zur Zeit Jesu benutzten.*

Du brauchst:

- Leder oder Stoff
- Lederband, Kordel oder Strick
- Ggf. Lochzange, Nadel

KOHL VERLAG DAS LEBEN JESU Band 3: Land und Leute – Bestell-Nr. 12 897

17 Menschengruppen zur Zeit Jesu

Samaritanerin/Samariter

Die Bewohner von **Samarien/Samaria** waren eine Mischbevölkerung aus Juden und anderen Völkern. Viele von Ihnen beteten neben dem Gott der Juden noch andere Götter an.
In 2.Kön. 17,24 - 41 wird beschrieben, welche Leute der König von Assyrien in **Samarien/Samaria** ansiedelte. Weiterhin wird berichtet, dass sie Gott, den Herrn nicht fürchteten. Als ihnen ein Priester nahebrachte, dass Gott der Herr ist, beteten sie den Gott der Juden zwar an, machten sich aber trotzdem noch weitere andere Götter, beteten sie an und richteten Heiligtümer für sie ein.
Die frommen Juden verachteten die Samariter, weil diese gegen das erste Gebot verstießen: „Ich bin der Herr, dein Gott. Du sollst keine anderen Götter haben neben mir."
Die Samariter mochten die frommen Juden nicht, zwischen Juden und Samaritern bestand zur Zeit Jesu eine regelrechte Feindschaft.
In Joh. 4, 1 - 45 erfahren wir, dass Jesus sich auch mit Samaritern und Samaritanerinnen abgegeben hat. In diesem Textabschnitt wird auch deutlich, dass die Samariter anstelle von **Jerusalem** ein eigenes Heiligtum für Gott hatten. Die samaritanische Frau spricht von „diesem Berg", auf dem ihre Vorfahren Gott angebetet haben. Gemeint ist der Berg Garizim.
Jesus hat durch seine Worte und Taten immer wieder gezeigt, dass Gott alle Menschen liebt. Kein Mensch ist besser als andere, kein Volk besser als andere. Ein Beispiel dafür ist das Gleichnis vom barmherzigen Samariter (Lk. 10, 25 - 37).

KOHL VERLAG DAS LEBEN JESU Band 3: Land und Leute - Bestell-Nr. 12 897

17 Menschengruppen zur Zeit Jesu

Römische Soldaten und Statthalter

Die Römer/Römische Soldaten/Statthalter/Prokurator

Das Land, in dem Jesus lebte, war damals eine Provinz des Römischen Reiches. Als Jesus geboren wurde, regierte dort der **Kaiser Augustus**.

Da der Kaiser nicht überall sein konnte, hatte er Stellvertreter in allen Gebieten, die zu seinem Reich gehörten. Seine Stellvertreter waren zum Beispiel die **Statthalter (lat. Prokuratoren)** und die **römischen Soldaten**.

Die Statthalter (Prokuratoren) verwalteten die einzelnen römischen Provinzen, kümmerten sich um die Steuern, den Einsatz der römischen Soldaten und waren verantwortlich für Recht und Ordnung in ihrer Provinz.

Der bekannteste Statthalter ist Pontius Pilatus.

Die Juden durften allein niemanden zum Tode verurteilen. Deshalb bedrängten die Feinde Jesu den Statthalter Pontius Pilatus so lange, bis er Jesus zum Tod am Kreuz verurteilte.

Die Menschen, die zur Zeit Jesu lebten, waren nicht gut auf die Römer zu sprechen.

Die Römer waren nicht nur die Besatzer, sondern sie hatten auch einen ganz anderen Glauben als die Juden. Unter anderem verehrten sie den römischen Kaiser wie einen Gott.

KOHL VERLAG DAS LEBEN JESU Band 3: Land und Leute – Bestell-Nr. 12 897

17 Menschengruppen zur Zeit Jesu

Kaiser Augustus

Kaiser Augustus

Das Land, in dem Jesus lebte, war damals eine Provinz des Römischen Reiches. Als Jesus geboren wurde, regierte dort der römische **Kaiser Augustus**.

Augustus hatte seinen Sitz in Rom.

Der Kaiser von Rom wurde als Gott verehrt.

Die Juden lehnte diese Verehrung des Kaisers ab. Ihr Herr war der allmächtige Gott, der Gott ihrer Väter Abraham, Isaak und Jakobs. Für die Juden gelten die zehn Gebote. Das erste Gebot heißt: „Ich bin der Herr, dein Gott. Du sollst keine anderen Götter haben neben mir."

Im Evangelium des Lukas erfahren wir, dass Kaiser Augustus beschlossen hatte, von der Bevölkerung Steuern zu fordern. Zu diesem Zweck mussten die Menschen sich in Steuerlisten eintragen lassen.

Die Interessen des Kaisers wurden in den einzelnen Provinzen durch die **Statthalter und die römischen Soldaten** vertreten.

KOHL VERLAG DAS LEBEN JESU Band 3: Land und Leute – Bestell-Nr. 12 897

17 Menschengruppen zur Zeit Jesu

Die Zeloten

Die Zeloten

Das Wort Zelot kommt aus dem *Griechischen* und bedeutet *Eiferer*.
Die Zeloten waren Juden, die sich mit Waffengewalt für Gott und die Freiheit ihres Volkes einsetzen wollten.

Sie wollten also mit Waffengewalt in die Politik eingreifen und aktiv für das Recht und ihren Glauben kämpfen.

Zurzeit Jesu wandten sich die Zeloten gegen die römischen Besatzer.
Sie wollten die Freiheit ihres Landes von den Römern mit Waffengewalt erkämpfen.

Einer der **Jünger** Jesu wird Simon, der **Zelot** genannt.

KOHL VERLAG DAS LEBEN JESU Band 3: Land und Leute – Bestell-Nr. 12 897

17 Menschengruppen zur Zeit Jesu

Die Jünger

Die Jünger

Der Begriff Jünger kommt von jung und meint so etwas Ähnliches wie Schüler. Auch von Johannes dem Täufer wird gesagt, dass er Jünger hatte.

Die Jünger Jesu waren aber mehr als nur „Schüler". Das waren Männer und Frauen, die mit Jesus zusammenlebten, mit ihm durchs Land zogen und alles mit ihm teilten. Sie hörten alles, was Jesus den Menschen über Gott und Gottes Reich erzählte und erlebten mit, wie er Kranke heilte und Wunder tat. Dadurch hatten sie eine ganz besondere, enge Beziehung zu Jesu, die man auch Freundschaft nennen kann.

In den Evangelien erfahren wir, dass Jesus eine große Schar von Jüngern hatte, aus dieser großen Schar berief er zwölf Männer, die zu seinem engsten Kreis gehörten und die er auch **Apostel** nannte.

KOHL VERLAG DAS LEBEN JESU Band 3: Land und Leute – Bestell-Nr. 12 897

Die Apostel

Die Apostel

Die Bezeichnung Apostel kommt aus dem *Griechischen* und bedeutet *Gesandter*, *Sendbote*, *Bote*.

Der Evangelist Lukas berichtet davon, dass Jesus selbst seine zwölf **Jünger** Apostel nannte.

Jesus gab ihnen den Auftrag, seine Worte weiterzusagen und so zu leben, wie er es ihnen vorgelebt hatte. Nach seinem Tod und seiner Auferstehung sollten die Apostel die gute Nachricht in alle Welt tragen. Sie sollten allen Menschen den Glauben an den Auferstandenen und an ein Leben nach dem Tod weitergeben und sie taufen, damit sie ganz zu Jesus Christus gehören.

Da Judas Iskariot Jesus verraten und sich dann selbst getötet hatte, wurde er nach der Himmelfahrt Jesu durch den Apostel Matthias ersetzt.

Nach der Himmelfahrt Jesu wurden noch andere Menschen, die die gute Nachricht weitertrugen, als Apostel bezeichnet, zum Beispiel Paulus und Barnabas.

In vielen Kirchen finden wir Apostelдarstellungen in Form von Statuen, Bildern oder auf Fenstern.

Damit man die Apostel erkennen kann, werden sie mit persönlichen Symbolen dargestellt.

KOHL VERLAG DAS LEBEN JESU Band 3: Land und Leute – Bestell-Nr. 12 897

Menschengruppen zur Zeit Jesu

Der Hohe Rat

Hoher Rat/jüdischer Rat

Der Hohe Rat war das oberste Gericht der Juden. Zum Hohen Rat gehörten die **Priester**, die **Schriftgelehrten** und die Ältesten. Die **Ältesten** waren angesehene, ältere Menschen aus einflussreichen Familien.

Vorsitzender des Hohen Rates war der **Hohepriester**.

Zur Zeit Jesu konnte der Hohe Rat viele Angelegenheiten rund um den jüdischen Glauben selbstständig regeln und entscheiden, aber wenn es um die Verurteilung eines Angeklagten ging, war er den Römern unterstellt. Davon lesen wir auch im Neuen Testament; der Hohe Rat durfte Jesus nicht zum Tode verurteilen, so etwas musste der römische **Statthalter** Pontius Pilatus entscheiden.

KOHL VERLAG DAS LEBEN JESU Band 3: Land und Leute – Bestell-Nr. 12 897

17 Menschengruppen zur Zeit Jesu

Priester/Hohepriester

Priester/Hohepriester

Die **Priester** waren verantwortlich für die Gottesdienste im Tempel, alle Feste und Opferhandlungen. Sie belehrten die Menschen über Gottes Gebote und alle Gesetze auf der Grundlage der **Tora**.

Der Hohepriester oder Oberster Priester war der höchste Priester. Er war der Vorgesetzte aller Priester und der Vorsitzende des **Hohen Rates**.

Die Kleidung von Priestern und Hohepriester richtete sich nach den Anweisungen in der **Tora**.

Die Brustplatte des Hohepriesters war mit zwölf Edelsteinen besetzt. Jeder Edelstein stand für einen Stamm Israels.

Ein großer Teil der Priester gehörte zu den Sadduzäern. Die **Sadduzäer** glaubten nicht an die Auferstehung der Toten und waren Gegner von Jesus. Für sie zählte allein die **Tora** - die fünf Bücher Mose - als heilige Schrift.

KOHL VERLAG DAS LEBEN JESU Band 3: Land und Leute - Bestell-Nr. 12 897

17 Menschengruppen zur Zeit Jesu

Die Schriftgelehrten und Pharisäer

Die Pharisäer und Schriftgelehrten

Den Pharisäern war die **Tora** und die Einhaltung der Gesetze sehr wichtig. Im Gegensatz zu den **Sadduzäern** glaubten sie aufgrund einiger Texte im Alten Testament an die Auferstehung der Toten. Pharisäer war kein Beruf, sie kamen aus allen Schichten des Volkes, zu den Pharisäern gehörten zum Beispiel auch Bauern und Handwerker.

KOHL VERLAG DAS LEBEN JESU Band 3: Land und Leute – Bestell-Nr. 12 897

18 Stadtmauer, Zöllner, Priester und mehr

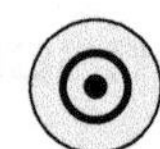

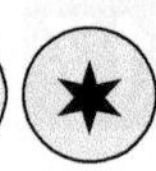

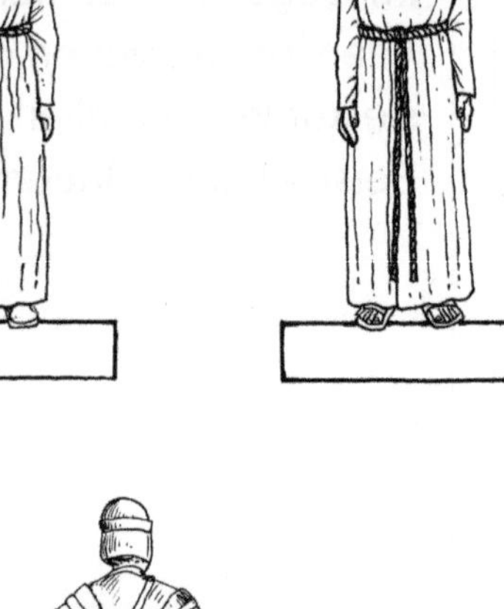

KOHL VERLAG Lernen mit Erfolg
DAS LEBEN JESU
Band 3: Land und Leute – Bestell-Nr. 12 897

19 Sprache und Schrift

Hebräische Schriftrolle

Hebräisch und Aramäisch

Als Jesus lebte, gab es bereits etliche Bücher, die heute zum Alten Testament unserer Bibel gehören. Sie waren in **Hebräisch** geschrieben, wie die meisten Bücher des Alten Testaments.

Dazu gehören die fünf Bücher Mose, die sogenannte jüdische **Tora**. Noch heute wird in jüdischen Gottesdiensten aus der Tora gelesen. Sie hat die Form einer Schriftrolle, der Torarolle.

Hebräisch wird von rechts nach links gelesen. Jesus und seine Jünger sprachen **Aramäisch**.

Fromme Juden schickten ihre Jungen beizeiten in die Schule. Die Schule war in der **Synagoge**. Die Jungen mussten Hebräisch lernen, um später aus der Tora vorlesen zu können. Auch Jesus hat aus der Tora vorgelesen.

KOHL VERLAG DAS LEBEN JESU Band 3: Land und Leute – Bestell-Nr. 12 897

19 Sprache und Schrift

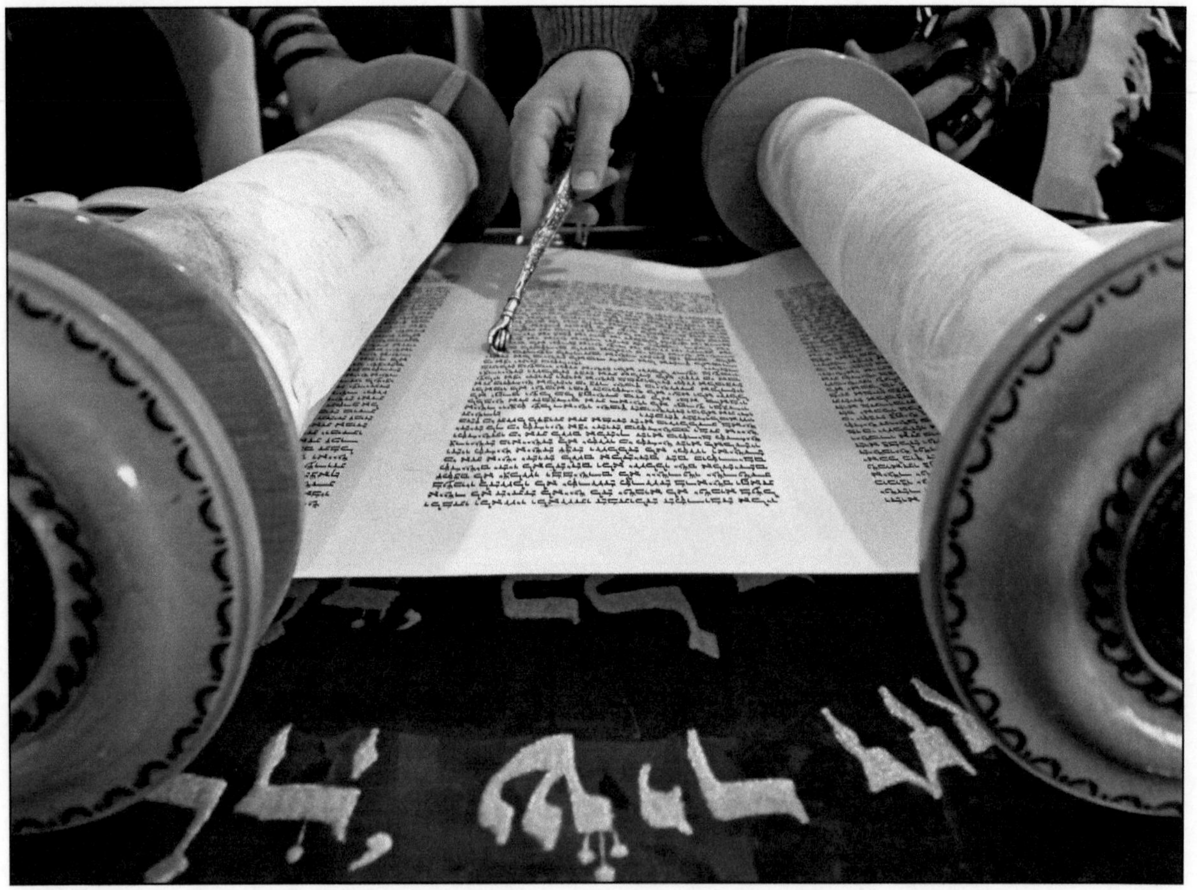

Die Tora

Die Tora/Torah

Das Wort Tora kommt aus dem *Hebräischen* und bedeutet *Weisung* oder *Lehre*.

Die Tora enthält die fünf Bücher Mose und ist das wichtigste und heiligste Buch der Juden.

Für die Tora, die in der **Synagoge** im sogenannten Toraschrein aufbewahrt wird, werden die fünf Bücher Mose mit der Hand auf **Hebräisch** auf eine Schriftrolle geschrieben.

Hebräisch wird von rechts nach links geschrieben und gelesen.

Im jüdischen Gottesdienst wird die Tora jedes Jahr Abschnitt für Abschnitt einmal von vorn bis hinten vorgelesen. Zum Lesen wird ein besonderer Zeigestab, der Tora-Zeiger verwendet, denn die heilige Tora darf nicht mit den Händen berührt werden.

Auch Jesus hat aus der Tora vorgelesen.

KOHL VERLAG DAS LEBEN JESU Band 3: Land und Leute – Bestell-Nr. 12 897

20 Wichtige Gebäude

Der ersten Tempel von Jerusalem

Modell des zweiten Tempels

KOHL VERLAG DAS LEBEN JESU Band 3: Land und Leute – Bestell-Nr. 12 897

20 Wichtige Gebäude

Die Synagoge

Tora-Lesung in einer Synagoge

KOHL VERLAG DAS LEBEN JESU Band 3: Land und Leute - Bestell-Nr. 12 897

20 Wichtige Gebäude

Tempel

Der Tempel war das wichtigste Heiligtum der Juden und stand in Jerusalem, der Hauptstadt des Landes. Dort sollten dreimal im Jahr, zu den großen Festen, die Juden zusammenkommen. Im Alten Testament ist festgelegt, dass im Tempel Opfer für Gott dargebracht werden sollen (Tiere, Lebensmittel und Räucherwerk).

Der erste Tempel wurde von Salomo gebaut und später durch die Babylonier zerstört.

Etwa 520 vor Christus wurde der Tempel weniger prunkvoll wieder aufgebaut. König Herodes der Große ließ ihn verschönern, deshalb wird er auch Herodianischer Tempel genannt. Im Jahre 70 nach Christus wurde dieser Tempel durch die Römer erneut zerstört.

In den Evangelien wird uns berichtet, wie Jesus als zwölfjähriger Junge mit seinen Eltern zum ersten Mal zum Passafest zum Tempel nach Jerusalem pilgerte.

Synagoge

Neben dem Tempel sind die Synagogen die wichtigsten Versammlungsorte der Juden.

Zur Zeit Jesu gab es in vielen Orten Synagogen, zum Beispiel in Kapernaum.

In der Synagoge wurden keine Opfer dargebracht, das war allein dem **Tempel** in Jerusalem vorbehalten.

Man traf sich in der Synagoge, um aus den heiligen Schriften zu lesen, darüber zu sprechen und zu beten.

Auch heute noch gibt es in den Synagogen einen Toraschrein, in dem die **Tora** aufbewahrt wird.

KOHL VERLAG DAS LEBEN JESU Band 3: Land und Leute – Bestell-Nr. 12 897

21 Didaktische Hinweise, Erläuterungen und Lösungen

Die Reihenfolge der Themen ist variabel, zum Einstieg ins Thema können z. B. auch die Bildkarten (3), ein Rätsel oder eine Bastelarbeit genutzt werden. Während der Arbeit am Thema erarbeitet die Lerngruppe sich eine Info-Kartei, die von den Lernenden immer wieder eingesehen werden kann.

Tipp: Jede Schülerin und jeder Schüler[2] legt sich eine Info-Kartei an. Dazu werden alle Bilder und Texte im selben Format kopiert und ausgeschnitten.

Auf die Rückseite der Bildkarten werden die Textfelder mit den zugehörigen Informationen aufgeklebt.

Alle Karten haben einen doppelten Rand. Die Ränder können in der Farbe der Kategorie ausgemalt werden, zu der die Info-Karte gehört, z. B. Gewässer - blauer Rand; Landesteile - grüner Rand ...

Einige Info-Texte haben mehrere Überschriften, z. B. See Genezareth/Galiläisches Meer; Ackerbauer/Bauer; Weinbauer/Weingärtner/Winzer etc. Damit die Lernenden die jeweiligen Begriffe schnell finden, können Info-Karten mit mehreren Überschriften mehrmals kopiert und unter jedem Stichwort abgelegt werden, z. B. Ackerbauer einmal unter A (Ackerbauer) und einmal unter B (Bauer).

! Die angelegte Kartei kann ständig erweitert werden. Dazu werden alle neu gewonnenen Infos von den Schülern selbst in Textkartenfeldern (Nr. 4) festgehalten. Nach dem Vergleich der Ergebnisse fügen die Schüler ihre Info-Karte in die Kartei ein.

Zur besseren Haltbarkeit können die fertigen Info-Karten laminiert werden.

Differenzierung

⊙ Die Lehrkraft liest den Text vor oder erzählt ihn nach. Dazu zeigt sie den Schülern einzelne Orte auf der Karte (2). Die Schüler wählen dazu passende Bilder aus (3).

! Die Schüler lesen den Text und lösen die Aufgaben. Mithilfe der untenstehenden Info-Karten können die Lernenden ihre Ergebnisse selbst überprüfen.

✶ Die Lernenden finden sich in Gruppen zusammen und recherchieren in Internet, Lexika, Büchern und den Evangelien weitere Angaben zu den genannten Orten, Landesteilen und Gewässern und stellen ihre Ergebnisse der Klasse vor oder

- Jeder Schüler wählt einen Ort, über den er sich umfassend informiert und stellt seine Ergebnisse der Lerngruppe vor.
- Alle Schüler vermerken die neu gewonnenen Informationen auf Info-Karten (4).

[2] Zur besseren Lesbarkeit wird im Folgenden nur noch Schüler verwendet.

Didaktische Hinweise, Erläuterungen und Lösungen

Lösungen

1 Das Land Jesu - Landesteile, Gewässer und wichtige Orte

Das Land, in dem Jesus lebte, liegt am **Mittelmeer**. Zur Zeit Jesu war es eine römische Provinz und hieß Palästina.

Die drei Landesteile, die immer wieder in den Berichten der Evangelisten vorkommen, heißen Galiläa, Samaria/Samarien und Judäa.

Maria und Josef wohnten in Galiläa, in dem kleinen Ort ***Nazareth***. Dort ist Jesus später auch aufgewachsen. Doch geboren ist er in ***Bethlehem***, im Landesteil Judäa. Wegen der Volkszählung des Kaisers Augustus mussten Maria und Josef dorthin gehen, denn Josef war ein Nachkomme von König David, der aus ***Bethlehem*** kam.

Die Hauptstadt des Landes heißt ***Jerusalem***. Dort stand zur Zeit Jesu der Tempel. Mit zwölf Jahren ging Jesus das erste Mal in den Tempel. Später wurde Jesus in ***Jerusalem*** zum Tode verurteilt und gekreuzigt. Nach seiner Auferstehung zeigt er sich dort mehrmals seinen Jüngern. ***Jerusalem*** liegt im Landesteil Judäa.

In Judäa gibt es auch die Wüste und das **Tote Meer**. Es ist eigentlich eher ein großer See, der ungefähr 420 Meter unter dem Meeresspiegel liegt. Das **Tote Meer** hat einen sehr hohen Salzgehalt. Es heißt **Totes Meer**, weil darin keine Fische leben können. Wenn man im **Toten Meer** badet, geht man nicht unter. Durch den hohen Salzgehalt kann man still auf dem Wasser liegen. Wenn das Wasser verdunstet, bleibt das Salz zurück. Das Wasser im **Toten Meer** kommt vor allem vom **Jordan**. Er fließt von Nord nach Süd durch das Land.

Im **Jordan** wurde Jesus getauft. Der **Jordan** ist die wichtigste Wasserquelle des Landes und fließt im Norden durch den **See Genezareth** (**Gennesaret**).

Der **See Genezareth** wird auch **See von Tiberias oder See von Galiläa oder Galiläisches Meer** genannt. Er befindet sich in dem Landesteil **Galiläa** und liegt 212 Metern unter dem Meeresspiegel. Damit ist er der am tiefsten liegende Süßwassersee der Erde. Im **See Genezareth** gibt es viele Fische. Einige Jünger Jesu waren Fischer, bevor sie mit Jesus gingen.

Am Ufer des Sees befinden sich zahlreiche Orte, in denen Jesus sich immer wieder aufhielt, zum Beispiel der Fischerort ***Kapernaum***.

Aus ***Kapernaum*** kamen die Geschwister Simon Petrus und Andreas und die Brüder Jakobus und Johannes, die zu Jüngern Jesu wurden. Weil Jesus oft in ***Kapernaum*** war, wird es manchmal auch „seine Stadt“ genannt. Jesus predigte und heilte in ***Kapernaum***. Außerdem lehrte er dort in der Synagoge.

DAS LEBEN JESU
Band 3: Land und Leute – Bestell-Nr. 12 897
KOHL VERLAG

Didaktische Hinweise, Erläuterungen und Lösungen

2 Palästina zur Zeit Jesu

Die Karte kann von den Schülern immer wieder aktualisiert werden.

3 Das Land, in dem Jesus lebte

! Die Schüler betrachten die Bildkarten, arbeiten aus Text 1 alle Informationen zu den einzelnen Abbildungen heraus und schreiben ihre Ergebnisse auf Info-Karten (4). Anschließend vergleichen sie ihre Notizen mit den vorgegebenen Info-Karten (5) und ergänzen Fehlendes.

✶ Ältere Schüler ergänzen die Aufzeichnungen mit allen Informationen, die sie zusätzlich recherchiert haben.

4 Info-Karten

Dieses Arbeitsblatt wird für alle Info-Karten, die von den Schülern selbst beschrieben werden, immer wieder neu kopiert.

5 Das Land, in dem Jesus lebte/Info-Karten

Die Schüler lesen die Informationen auf den Karten und ordnen sie den passenden Bildern (3) zu. Nach der Kontrolle aller Ergebnisse können die Info-Karten auf die Rückseite der Bildkarten geklebt werden.

Die Ränder der Karten können in den Farben einzelner Kategorien bemalt werden, z. B. Landesteile - grün; Gewässer - blau ...
Zur besseren Haltbarkeit können die Info-Karten laminiert werden.

6 Palästina zur Zeit Jesu

a) Unter anderem vertraten die sogenannten Statthalter und die römischen Soldaten die Interessen des römischen Kaisers.

b) Die Juden wünschten sich Freiheit von den Römern; die Römer waren ihre Besatzer.

6 Palästina zur Zeit Jesu/Info-Karte

Die Schüler schneiden die beiden Textfelder aus und kleben die Informationen aufeinander. Der Rand kann in einer Farbe bemalt werden, die unter die Kategorie „Allgemeine Infos zum Land Jesu“ fällt.
Zur besseren Haltbarkeit kann die Karte laminiert werden.

7 Wie lebten die Menschen zur Zeit Jesu?

Betrachte das Bild genau. Unterhaltet euch darüber.

Ergänzend können die Schüler die Bilder der Orte Nazareth, Bethlehem und Kapernaum dazunehmen.

Mögliche Fragen und Gesprächsimpulse:

a) Was ist anders als bei uns?

b) Wie sehen die Häuser aus?

c) Welche Kleidung tragen die Menschen?

d) Was fällt dir sonst noch auf?

(Hilfsimpulse: Pflanzen; Tiere; Krug, der auf dem Kopf getragen wird; kochen im Freien, die Größe der Häuser, die Dachterrasse; Was sagt das Bild über die Temperaturen dort aus?)

⊙ Die Schüler betrachten das Bild und tragen ihre Beobachtungen zusammen.

! Die Schüler tragen ihre Antworten auf die Fragen zusammen. Anschließend lesen sie den Text auf der Info-Karte (8) und vergleichen ihn mit ihren Ergebnissen.

✶ Die Schüler fassen ihre Ergebnisse schriftlich auf einer Infokarte (siehe Nr. 4) zusammen.

DAS LEBEN JESU
Band 3: Land und Leute – Bestell-Nr. 12 897

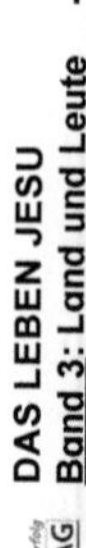

21 Didaktische Hinweise, Erläuterungen und Lösungen

8 So lebten die Leute zur Zeit Jesu

Die Schüler hören oder lesen den Info-Text und vergleichen ihre Ergebnisse von 7. damit. Anschließend schneiden sie das Textfeld aus und kleben es auf die Rückseite der Bildkarte.

9 Wie sah es im Haus aus?

Die Schüler betrachten das Bild und äußern spontan ihre Eindrücke.

Mögliche Gesprächsimpulse:

a) Wie sieht es im Haus aus?

b) Was ist anders als bei uns?

Hilfsimpulse: Wie viele Zimmer siehst du? Was essen die Leute? Wie essen die Leute? Welche Gegenstände siehst du? Wozu werden sie benutzt? (Getreidemühle, Kochstelle, Öllampe, Krug zum Wasser holen …) Kleidung, Möbel, Geschirr, Tiere im Haus

10 So sah es im Haus aus

⊙ Die Schüler hören oder lesen den Info-Text, vergleichen ihn mit ihren Ergebnissen. Anschließend schneiden sie das Textfeld aus und kleben es auf die Rückseite der Bildkarte.

✶ Die Schüler ergänzen den Text durch eigene Recherchen.

11 Wir bauen ein palästinensisches Dorf

Mithilfe der Vorlagen können die Schüler ein palästinensisches Dorf nachbauen und einzelne biblische Geschichten nachspielen. Ergänzende Vorlagen finden Sie unter Nr. 18.

- Kopieren Sie die Bastelvorlage auf die gewünschte Größe. Das Papier sollte nicht zu dünn sein oder von den Schülern mit Karton hinten beklebt werden.
- Die Vorlagen können von den Schülern ausgemalt werden.

Differenzierungsbeispiel Haus:

⊙ Jüngere Schüler schneiden nur die Hausform aus und kleben sie zusammen.

✶ Die Vorlage für die Treppe wird wie eine Ziehharmonika gefaltet und an der Seite des Hauses angeklebt.

Figuren, Tiere etc. können in beliebiger Anzahl kopiert werden.

Die Falze unter den Figuren können wahlweise nach hinten oder nach vorn gefaltet werden. Die Figuren können auch mit einem Stab versehen und für ein Stabpuppentheater verwendet werden.

Tipp für Kreative:
Die Schüler bringen kleine Schachteln, Pappen, Wellpappe, Naturmaterial und diverses Material mit, um daraus ein Dorf nachzubauen, ohne Bastelbogen.

12 Getreide, Früchte, Gewürze und noch mehr

Mögliche Aufgaben:

! Schreibe heraus oder unterstreiche:

- Welche Früchte kommen im Land Jesu vor?
- Welche Getreidearten werden in der Bibel erwähnt?
- Welche Gewürze kannten die Menschen zur Zeit Jesu?
- Woraus wurde Öl gewonnen?

13 Fisch und Fleisch, Milch, Butter, Käse und Eier

Was erfährst du über die Ernährung der einfachen Menschen?

Didaktische Hinweise, Erläuterungen und Lösungen

14 Welche Berufe gab es zur Zeit Jesu?

⊙ Die Lernenden betrachten die Bilder und benennen die Berufe.

Die Bildkarten können ausgemalt werden.

15 Berufe zur Zeit Jesu - Infokarten

Die Lernenden hören oder lesen die Texte und ordnen sie den passenden Bildern zu. Nach der Kontrolle der Ergebnisse schneiden die Schüler die Info-Texte aus und kleben sie auf die Rückseiten der passenden Bildkarten.

✶ Die Lernenden recherchieren, welche Bibeltexte zu den jeweiligen Informationen passen.

Dazu können sie auch das Internet nutzen, indem sie beim Bibelserver entsprechende Stichwörter, z. B. Weizenkorn, Wein, Zöllner, Öl für Oliven etc. eingeben.

https://www.bibleserver.com/

16 Wir basteln einen Geldbeutel

Entscheiden Sie im Vorfeld, wie groß der Geldbeutel werden soll und ob er aus Leder oder Stoff gefertigt werden soll. Für Leder benötigen die Schüler eine Lochzange, Stoff kann auch mit Nadel und einem festeren Faden zusammengezogen werden.

Die Enden des durchgezogenen Bandes sollten nicht zu kurz sein.

17 Menschengruppen zur Zeit Jesu

Entscheiden Sie im Vorfeld, welche Texte und Bilder für Ihre Unterrichtsplanung relevant sind.

⊙! Die Lernenden hören oder lesen die Texte und ordnen sie den passenden Bildern zu. Nach der Kontrolle der Ergebnisse schneiden die Schüler die Info-Texte aus und kleben sie auf die Rückseiten der passenden Bildkarten.

✶ Die Lernenden recherchieren, welche Bibeltexte zu den jeweiligen Informationen passen.
Dazu können sie auch das Internet nutzen, indem sie beim Bibelserver entsprechende Stichwörter eingeben.
https://www.bibleserver.com/

18 Stadtmauer, Zöllner, Priester und mehr

Die Bastelvorlagen bieten zahlreiche Möglichkeiten, Unterrichtsinhalte spielerisch zu vertiefen. Die Schüler können eine kleine Stadt mit Mauer nachbauen oder biblische Geschichten nachspielen, z. B. Berufung des Levi, Zachäus; die Frau am Jakobsbrunnen, Jesus zieht in Jerusalem ein … Nutzen Sie dazu auch die Bastelvorlagen unter Nr. 11.

Wenn Sie die Figuren vergrößern und die Falze abschneiden, können die Schüler daraus auch Stabfiguren basteln.

19 Sprache und Schrift

Mögliche Aufgaben:

a) Welche Sprachen lernte Jesus als Kind?

b) In welcher Sprache wurden die meisten Bücher des Alten Testaments geschrieben?

c) Welche Sprache sprachen Jesus und seine Jünger?

20 Wichtige Gebäude

Ergänzend können zu den Informationen zu Tempel und Synagoge andere Bilder und Texte herangezogen werden, siehe z. B. Tora, Priester und Pharisäer.